Lara'Marie
Obermaier

Rauhnächte

Begleitung. Übungen. Meditationen.

Bibliografische Information der Deutschen Nationalbibliothek:
Die Deutsche Nationalbibliothek verzeichnet diese Publikation in der
Deutschen Nationalbibliografie, detaillierte bibliografische Daten sind im
Internet über http://dnb.dnb.de abrufbar.

1. Auflage
© 2019 Lara'Marie Obermaier
Herstellung und Verlag
BoD – Books on Demand, Norderstedt
ISBN 978-3-7504-1129-6

Inhalt

Rauhnächte
Man kann sie vom 13. Dezember, vom 21. Dezember oder vom
25. Dezember an zählen. In diesem Buch beginnen wir die Rauhnächte
ab dem 25. Dezember.

1. Rauhnacht

Altes abschließen.

Altes abschließen.

Die erste der Rauhnächte bringt uns in die Reflektion, in das Überdenken, was uns im nun bald zurückliegenden Jahr besonders beschäftigt hat.

- Welche Erfahrungen waren im vergangenen Jahr besonders wichtig und lehrreich für uns?
- Wer hat uns besonders geholfen, einen bestimmten Weg zu finden oder zu gehen?
- Welche Beziehungen sind ins Blühen gekommen und welche waren hinderlich für uns?
- Was muss losgelassen werden, um Neues einladen zu können?
- Was hat uns geschmerzt?
- Was war so schwerwiegend für uns, dass wir uns selbst versprochen oder sogar geschworen haben, es in Zukunft anders zu machen?

Feuerzeremonie: Was darf gehen?

Ein Feuer hilft, die Transformation zu beschleunigen. Du brauchst nicht zwingend eine große Feuerzeremonie an einer sicheren Stelle im Freien zu machen, obwohl das natürlich besonders schön ist. Es kann auch eine kleine Feuerschale genommen werden. Du kannst dafür sogar ein Teelicht auf einer feuerfesten Unterlage verwenden und von Streichhölzern das Schwefelköpfchen vorher abbrechen (wichtig!).

1. Entweder schreibst Du auf einen Zettel oder Du bläst in ein Stöckchen, was losgelassen werden soll/darf.

2. In ein weiteres Stöckchen gibst Du den Dank für die Erfahrungen und die Geschenke in Form von Einsichten daraus.

3. In ein drittes Stöckchen pustest Du das Neue, das Du für das kommende Jahr einladen möchtest, hinein.

4. Du lässt zuerst ein Stöckchen/einen Zettel vollständig vom Feuer verzehren, bevor Du Dich auf das Nächste konzentrierst.

Auch eine Meditation mit der Visualisierung, welche positiven Schritte im kommenden Jahr gegangen werden können, ist hilfreich.

2. Rauhnacht

Still werden.

Still werden.

Die 2. Rauhnacht lädt uns ein, innerlich zur Ruhe zu kommen. So still wie ein See zu werden, in dem sich der Himmel sehen darf.

Sei still mit Dir selbst. Wenn Gedanken, Zweifel, Dein innerer Kritiker, Dein innerer Antreiber, Dein innerer Motivator kommen, dann frage: wer spricht da? Diese Frage hilft, Dir bewusst zu machen, dass all diese Stimmen nichts mit Deiner Seelenessenz zu tun haben.

Diese Anteile haben sich gebildet und vielleicht über Deine Seele gelegt, doch das bist nicht DU. Diese Anteile sind entweder Strategien, die sich aufgrund von Lebensumständen entwickelt haben, um Dir das Überleben zu sichern. Oder es sind Muster, die sich aufgrund negativer Erfahrungen gebildet haben und die Dich einschränken.

Still werden bedeutet, Dich selbst in Deiner Seelenessenz zu fühlen. Zuerst mag es hilfreich sein, Dich dafür an einen ruhigen Platz zu begeben. Je mehr Du die Stille praktizierst und lernst, Dir in Deiner wirklichen Seelenessenz ganz nahe zu kommen, wird es Dir auch im größten Trubel möglich sein, die Stille zu halten. Wie der Kolibri: dieser kann mitten im Hurrikan völlig still in der Luft stehen.

Meditation: Spüre die Unendlichkeit

1. Geh in Dein Herz, dort, wo es ganz still wird. Was immer Dich daran hindert, frage: wer spricht da? Und lasse es ziehen. So, wie Wolken am Himmel der Auflösung entgegen treiben.

2. Konzentriere Dich auf den Herzschlag von Mutter Erde, ihrer großen, heiligen Trommel. Über Deinen Atem gleiche nun Deinen Herzschlag dem ihren an. Das geht ganz leicht, denn die Frequenz der Erde fühlt sich für uns ganz natürlich an.

3. Lass die Farbe Deiner Seele vor Deinem inneren Auge erscheinen. Mach Dir keinen Stress: wenn Du nichts wahrnimmst, welche Farbe kommt Dir zuerst in den Sinn? Welches Geschenk ist in dieser Farbe verborgen?

4. Folge dieser Spur, bis zum Anbeginn der Zeit, also in die Unendlichkeit. Lass Dich in die Farbe(n) Deiner Seele fallen, wie in ein großes, weiches Tuch, in dem Du sanft schwingst.

5. Zerfließe in diesem Tuch, breite Dich aus wie Wasser, das über trockenen Sand strömt. Spüre Deine eigene Unendlichkeit, Deine wahre Größe, Deine Grenzenlosigkeit. Das bist DU. Das ist Deine eigene Göttlichkeit. Du bist eins mit allem. Du warst es immer schon und Du wirst es immer sein. Trennung ist Illusion. Bewahre diese Erfahrung in Deinem Herzen.

3. Rauhnacht

Offen sein.

Offen sein.

In der 3. Rauhnacht geht es darum, offen zu sein.

In dieser Zeit so kurz nach der Wintersonnenwende sind unsere Sinne offener als gewöhnlich. Vielleicht „denkst" Du an Verstorbene. Durch die besondere Durchlässigkeit können sich Räume öffnen, um Energien von Verstorbenen, die sich noch nicht vollständig transformiert haben, wahrzunehmen.

Denn Energie kann sich nicht auflösen, sondern nur umwandeln. Du kannst den Energien von Verstorbenen dabei helfen, sich so umzuwandeln, dass sie endgültig in das Licht oder an einen sicheren Ort gehen können.

❄ Übung: Ehre Deine Ahnen

1. Lausche in diese Räume: setze Dich an einen stillen Ort, vielleicht mit einer Kerze, oder auch in der Natur. Konzentriere Dich auf den/die Verstorbenen.

2. Was muss noch gesagt werden? Was kam noch nicht zum Abschluss? Oft haben wir zu wenig „ich liebe Dich", „ich danke Dir" oder „ich vergebe Dir" oder auch „Du bist frei" gesagt.

3. Spüre in Dich hinein: was hilft der noch nicht gewandelten Energie zwischen Dir und dem verstorbenen Menschen, in die Erlösung und damit in die Umwandlung in eine feine Qualität zu gelangen?

4. Was bewirkt es in Dir, wenn Du jetzt – heute – eine dieser vier Loslösungen aus Deinem Herzen kommend sagen kannst? Wie kann dadurch die Liebe, die Dankbarkeit, die Vergebung, die Freiheit auch in Deinem Herzen und Deinem Leben eine Heimat finden? Was kann sich dadurch auch für Dich ändern?

Du kannst Dir hierzu gerne Notizen machen, die sich im kommenden Jahr immer wieder als wertvolle Ressource erweisen können.

4. Rauhnacht

Den inneren Meister
(an)erkennen.

Den inneren Meister (an)erkennen.

Wie oft hast Du schon gesagt „eigentlich wusste ich es..." und trotzdem hast Du Dich gegen diese innere Stimme entschieden? Diese innere Stimme ist der Ausdruck Deiner eigenen Seelenkompetenz, und die ist viel mächtiger, als Du vielleicht glauben magst.

Der vierte Rauhnachts-Tag steht in Verbindung mit dem Monat April, der als launisch gilt, und früher als schwer vorhersagbar. So, wie das Leben eben auch. Doch wie beantworten wir die sich immer wieder neu ergebenden, nicht vorhersehbaren Situationen, Herausforderungen in unserem Leben?

Wir haben gelernt: „sei vernünftig". Doch meist basiert unsere Vernunft hauptsächlich auf unserem Verstand. Der bildet sich jedoch in der Summe aus unseren gemachten, subjektiven Erfahrungen und den damit verbundenen Emotionen. Deine Seelenkompetenz ist dem Verstand übergeordnet (auch wenn er das gar nicht gerne hört) und frei von Emotionen. Das ist die Ebene der höheren Hirnregionen, die Entfaltung und Evolution erst möglich machen. Es lohnt sich, unserer Vernunft die Kapazität unserer Seelenkompetenz hinzuzufügen.

Denn unsere Bestimmung entscheidet sich nicht irgendwann in der Zukunft, sondern immer im Jetzt-Moment. Welche Entscheidungen wir treffen, beeinflusst, in welche Richtung sich unser Leben entwickeln wird. Wie Du Deinen inneren Meister (an)erkennen kannst, ist die Übung der vierten Rauhnacht.

Meditation: Antworten aus Deinem Inneren erhalten

1. Sieh die Situation, um die es gerade geht, vor Dir und die Entscheidungsmöglichkeiten, die Du gerade im Feld hast. (Wenn Du einen sehr dominanten Verstand hast, dann füge für Dich hinzu: Was wäre, wenn ich frei entscheiden könnte?)

2. Nun gehe in jede Möglichkeit und fühle: was macht Dich eng oder weit? Wenn es Dich eng macht, dann fühlt es sich vielleicht wie ein Taucheranzug an, oder als ob Du in einem Kaminschlot feststecken würdest.

3. Lass die Empfindung im Körper zu, auch wenn es nicht angenehm ist. Da Du die Entscheidung für diese Möglichkeit ja noch nicht getroffen hast, kannst du Dir erlauben, auch die Emotionen, die damit verbunden sind, zu spüren. Vielleicht ist es Schwäche, Lähmung, Hoffnungslosigkeit, Ausgeliefertsein.

4. Nun versetze Dich in die andere Möglichkeit: wie fühlst Du Dich nun? Wieder eng oder weit? Suche so lange nach einer Möglichkeit (auch wenn Dein Verstand protestiert), die Dich weit werden lässt.

5. Lass alle Gefühle, die jetzt kommen, zu. Spüre sie in Deinem Körper. Vielleicht ist es ein tiefes Durchatmen, oder als würde eine große Last von Dir genommen, vielleicht ein ungeahntes Freiheitsgefühl.

6. Nun spüre dem Potential nach, die diese Möglichkeit für Dich beinhaltet. Sag Deinem Verstand, dass er später an der konstruktiven Umsetzung beteiligt wird, das beschäftigt und beruhigt ihn erst mal.

7. Erlaube Dir zu träumen! Genau das ist es, was mit dem „ins Dasein träumen" gemeint ist. Du gibst Dich in dieses Potential, welches Dir Deine eigene Seelenkompetenz eröffnet hat, ganz hinein. Du folgst sozusagen hier einer neuen Bestimmungslinie, und jetzt ist es Dir möglich, eine Entscheidung auf Basis Deiner Seele (und neurobiologisch gesehen aus Deinen höheren Hirnregionen heraus) zu treffen. Indem Du diesen Prozess vorweg durchlebst, setzt Du, wie die schamanischen Weisheitslehrer sagen, „einen Haken in die Zukunft". Und zwar eine Zukunft, die Dich weit, glücklich, frei macht. So erkennst Du Deinen eigenen, inneren Meister.

5. Rauhnacht
Freundschaft. Mit Dir
selbst und anderen.

Freundschaft. Mit Dir selbst und anderen.

Jesus sagt: „Liebe Deinen nächsten wie Dich selbst". Demnach hängt die Qualität unserer Verbindung zu anderen von unserer Hingabe an unsere Selbstliebe ab.

Wie können wir anderen mit offenem Herzen, ehrlichem Vertrauen und Wohlwollen begegnen, wenn wir uns selbst gegenüber stets kritisch und abwertend sind, wenn wir unseren eigenen Wert gering schätzen? Das betrifft auch unseren Körper, denn er ist der Tempel, in dem unsere Seele wohnt.

Wenn wir Kleinkinder beobachten, stellen wir fest, dass sie absolut und in allem mit sich einverstanden sind. Da ist keine Bewertung, da ist kein Herabsetzen, auch kein Nörgeln über ihren Körper. Nur große Freude über ihr Sein und die Möglichkeit, alles entdecken zu können.

Die fünfte Rauhnacht ist mit dem Monat Mai verbunden – dem Wonnemonat, dem Monat der Erneuerung.

Lasst uns doch heute unsere Freundschaft zu uns selbst erneuern und uns neu entdecken. Lassen wir doch einmal die ganzen Bewertungen, die wir übernommen haben, beiseite. Bewertungen sind Projektionen anderer, die mit sich selbst nicht zufrieden sind und das auf andere (eben auch auf uns) übertragen.

Wenn wir verstehen, dass unsere Urteile über uns selbst ursprünglich nicht aus uns entstanden sind, dann können wir uns auch leichter davon distanzieren und schließlich verabschieden.

Ein kleines Kind, das glücklich mit sich ist, das sich nicht hinterfragt, sondern einfach erfährt, ist in seiner Präsenz ein Ausdruck des Göttlichen. Wir vergessen allzu oft, dass wir spirituelle Wesen in einem menschlichen Körper sind. Wir alle sind ein Ausdruck des Göttlichen.

❄ Übung: Neue Freundschaft mit Dir selbst

1. Betrachte Dich doch heute als das göttliche Wesen, das Du tatsächlich bist. Bewundere die Genialität Deines Körpers. Dieses komplexe und feine Zusammenspiel, von den Atomen und Molekülen angefangen bis hin zu den motorischen Bewegungen. Deine Fähigkeit zu atmen, Deine Sinne zu erfahren. Lass alle Urteile, die uns in Zeiten von Photoshop so nahe gebracht werden, einfach mal weg und freue Dich an Dir selbst.

2. Schau, welche Unterstützung Dein Körper braucht. Wenn Du schlaffe Muskeln, Übergewicht, Bewegungseinschränkungen etc. als Ausdruck mangelnder Unterstützung siehst, dann kannst Du liebevoll beginnen, Dir selbst lustvoll Zuwendung zu geben. „Lustvoll" ist ein Schlüsselwort. Deshalb: zwinge Dich nicht zu „Programmen", die Du eigentlich nicht willst. Sei mit Dir und frage Dich: Was will ich wirklich in puncto

Ernährung (und wo ist Ernährung teilweise bislang eine Ersatzbefriedigung), was tut mir gut? Wie will ich mich bewegen? Sieh nicht das Resultat, wie Du aussehen möchtest, sondern beginne mit der Freude an der Bewegung.

3. Der nächste Schritt zur neuen Qualität der Freundschaft mit Dir selbst ist: Lobe Dich. Vielleicht fällt Dir das schwer und es kommt jetzt dieser alte Satz aus der Kindheit „Selbstlob stinkt" oder wie die Schwaben sagen: „nichts gesagt ist genug gelobt". Verabschiede Dich davon, denn das macht Dich nicht weit, sondern eng (siehe 4. Rauhnacht).

4. Lobe Dich für alles, was Du heute bist. Schau hinter die Urteile, die Bewertungen. Setze jedem Urteil eine positive Einschätzung entgegen. Z.B. für Dein Chaos, denn das ist Kreativität. Oder für Deine Ordnungsliebe, denn das ist Struktur. Für Deine Faulheit, denn das ist Kräftesammeln, und Deine Betriebsamkeit, denn das ist Schaffenskraft.

5. Dadurch gelingt es Dir behutsam, das Geschenk in all Deinen Urteilen, die Du über Dich selbst angesammelt hast, zu entdecken und diese Geschenke als Ressource zu nutzen, ohne Dich selbst dabei einzuschränken oder auszubeuten.

6. Nun schau Dir Deine Freundschaften an in diesem Jahr: wo gab es neue Freundschaften, die entstanden sind? Welche Freundschaften gingen zu Ende oder sind in der Pause? Vielleicht hat sich jemand von Dir zurückgezogen? Dann betrachte dies als notwendigen Prozess und halte diesen Menschen in Liebe und in der Freiheit, diesem Prozess zu folgen. Nimm auch hier die Bewertung raus. Vielleicht hast Du einen notwendigen Schlussstrich gezogen. Dann danke Dir für Deine Sorgsamkeit mit Dir selbst und lasse den Menschen ziehen ohne, dass Du aus der transpersonalen Liebe gehst, die die Griechen „Agape" nennen.

7. Mache doch heute eine kleine Zeremonie, um die Freundschaft mit Dir selbst, Deinem Körper und mit anderen zu feiern. Überlege Dir, wie kann ich in maximal 10 Minuten diese Zeremonie gestalten? Zeremonien kommen aus der Seele, also lass Dich führen. (Deshalb die knappe Zeit, sonst übernimmt Dein Verstand).

6. Rauhnacht

Bereinigung und Freiheit.

Bereinigung und Freiheit.

Wir sind nun in der Mitte der Rauhnächte angekommen und auch fast am Ende dieses Kalenderjahres. In diesen heiligen Nächten sind wir der „Unterwelt", wie die alten Weisheitshüter und Schamanen das Unbewusste bezeichnen, sehr nah. Vieles schlummert dort, das uns bedrohlich, unbehaglich erscheint. So, als würde man als Kind in einen dunklen Keller gehen müssen. Jedoch erinnern wir uns: als wir das Licht einschalteten, oder wir begleitet wurden, war der Keller gar nicht schlimm.

Heute wissen wir, dass es unsere eigenen Ängste waren, die wir auf den Keller projiziert haben. So ist es auch mit unserer eigenen Unterwelt. Dort schlummert vieles, das dorthin verbannt wurde, weil es in der „Mittelwelt" – unserem Bewusstsein und auch unserer Alltagswelt – als nicht angemessen bewertet wurde. C.G. Jung benannte all dies Verbannte als unsere Schatten.

Es sind Anteile von uns, die unser Umfeld in unserer Kindheit als störend, nicht angemessen, oder beängstigend empfunden hat, und die wir aus Angst vor Liebesentzug oder durch Unterdrückung nicht mehr gelebt haben, oder in uns verschließen mussten.

Wenn wir verstehen, dass unsere Schatten nichts anderes sind als unsere Potentiale, die im Umfeld nicht willkommen waren, dann kann diese Erkenntnis das Flutlicht sein, um beherzt in unsere Unterwelt gehen zu können, um unsere Schatten zu umarmen. Diese Potentiale fehlen uns in unserem Leben wie Puzzleteile, denn sie runden unsere Persönlichkeit ab.

Um Schatten zu erkennen, kannst Du Dir heute ansehen, wo es in Deinem Leben Beziehungen gibt, die einer Bereinigung bedürfen. Die Bereinigung findet auf Deiner Seite statt, d.h. Du siehst Dir an, was für Dich an der Beziehung nicht stimmt.
• Fühlst Du Dich nicht wirklich angenommen?
• Fühlst Du Dich beschnitten?
• Fühlst Du Dich nicht gesehen, oder spürst Du eine unüberwindbare Distanz? Nimm es zu Dir. Wir können immer nur unsere Seite der Straße „kehren".

Ich möchte Dir eine kleine Reiseanleitung geben, wie Du Dich selbst auch in Deinen Schattenthemen liebevoll entdecken kannst, um Dich und Deine Beziehungen davon zu befreien

Die 6. Rauhnacht steht mit dem Monat Juni in Verbindung und dem Sternzeichen Zwilling. Bringe also Balance und Ausgleich in Dein Leben.

Meditation: Reise in Deine Unterwelt

1. Du brauchst einen stillen Raum. Schließe die Augen und stelle Dir vor, Du stehst vor einer Aufzugtür. Der Aufzug hält und Du siehst, dass Du Dich in der Etage 0 befindest, also Erdgeschoß.

2. Nun wählst Du beherzt den Knopf für das 9. Untergeschoss aus – tiefer geht dieser Aufzug nicht. Er gleitet mit Dir hinab und die Tür öffnet sich.

3. Vor Dir steht ein wunderschönes Wesen, weiblich. Es ist Persephone, die Hüterin der Unterwelt. Liebevoll blickt sie Dich an und begleitet Dich in einen wunderschönen Garten. Sieh Dich um: wie sieht für Dich dieser Garten aus? Nimm die Eindrücke wahr, Gerüche, Geräusche. Es ist friedlich und freundlich.

4. Persephone bringt Dich an einen Meditationsplatz und bleibt an Deiner Seite. Wie sieht dieser Platz für Dich aus?

5. Nun rufe Dir eine Beziehung, die bereinigt gehört, vor Augen. Nehmen wir an, es geht darum, eine wirkliche Nähe zu erreichen, etwas ist unausgesprochen zwischen Euch. Persephone hilft Dir, über Deine eigene Zeitlinie zurück in die Kindheit zu reisen.

6. Du gleitest wie an einer Schnur in der Zeit zurück. Halt: jetzt ist eine Blockade da, und damit bist Du bei der auslösenden Situation des

Schattens angekommen. Du siehst Dich als kleines Kind. Hier ein Beispiel: Tante Erna war da und Du hast sehr genau gespürt, dass Tante Erna gemein zu Deiner Mutter war und wie unwohl sich Deine Mutter fühlte. Du hast Dich vor Tante Erna aufgebaut und ihr gesagt: Du bist so gemein zu meiner Mama. Wenn Du nicht lieb bist zu ihr, dann geh. Die Erwachsenen waren entsetzt, Du wurdest geschimpft und in Dein Zimmer geschickt. Danach hat man Dich belehrt, dass man nie sagen darf, was man denkt, sondern immer schön freundlich zu sein hat.

Was ging in den Schatten? Deine Klarheit, Deine Geradlinigkeit, Deine Offenheit. Also alles wunderbare Eigenschaften, die jedoch als unangemessen bewertet wurden und Dir deshalb heute nicht voll zur Verfügung stehen. Erkennst Du das Potential im Schatten?

7. Umarme nun dieses kleine Kind, das Du warst. Danke ihm für diese Aufrichtigkeit, für dieses Einstehen, für diesen Mut. Lass dieses kleine Kind mit diesen Qualitäten in Dein Herz und versprich ihm, dass Du von nun an diese Eigenschaften in wertschätzender Form leben wirst. Dann gehst Du wieder zum Aufzug, bedankst Dich bei Persephone und drückst die „0" für diese Bewusstseinsebene.

Das Auflösen der Schatten durch die Integration der Ressourcen darin führt uns in unsere innere Freiheit. Wir werden frei vom Ballast. Wir brauchen nichts zu projizieren, sondern entdecken die wahre Schönheit in uns.

7.

Rauhnacht

Innere Einkehr zur
Neu-Ausrichtung.

Innere Einkehr zur Neu-Ausrichtung.

Heute ist der letzte Tag des Jahres, wie wir ihn nach dem gregorianischen Kalender kennen. Mich fasziniert dabei immer, dass für etliche Bevölkerungsgruppen unserer Erde dieser Tag heute ein ganz gewöhnlicher ist, da sie einem anderen Kalender folgen. Für mich eine wunderbare Erinnerung, dass wir innere Einkehr und Neu-Ausrichtung jederzeit vornehmen können und unserem eigenen inneren Kalender folgen dürfen.

Um Deinen eigenen Träumen und Sehnsüchten Deiner Seele wirklich lauschen zu können, möchte ich Dich einladen, heute einmal „zu träumen als ob". Erlaube Dir dieses innere Einlassen, ohne eine Limitierung zuzulassen. Sonst schließt Du wahrscheinlich bereits im Vorfeld vom Verstand her die meisten Möglichkeiten aus. „Wenn ich dieser Spur folgen würde, dann... „würde meine Beziehung in Gefahr geraten, müsste ich den Job wechseln..., dann fänden mich meine Kinder egoistisch..., das kann ich mir nie leisten..."

Deshalb: Träume, als ob es keine Gefahr gäbe. Die gibt es nämlich in Wirklichkeit nicht. Alle unsere „Neins" zu Möglichkeiten entspringen der Angst. Angst an sich gibt es nicht, es gibt immer nur die „Angst vor...". Wir nehmen also beim Auftreten der Angst in uns bereits eine negative Entwicklung vorweg – nach dem Gesetz der Resonanz könnte die dann wahrscheinlich auch eintreten – wir haben sie ja schließlich ins Feld gerufen. Wenn Du träumst, als ob es keine Gefahr, keine Angst gäbe, dann erlaubst Du Dir, wirklich in Deine Schöpfungskraft zu gehen und Deiner Seele Gehör zu verschaffen.

Meditation: Entscheidungen umsetzen

1. Suche Dir einen stillen Platz. Du fährst wieder Aufzug: dieses Mal drückst Du den Knopf für das 3. Untergeschoß. Die 3 steht für die Seele und führt Dich in Deinen Seelengarten. Die Sprache der Seele sind Bilder, Poesie, die Mystik. Auch hier empfängt Dich Persephone (in Südamerika gilt Huasgar Inka als der Hüter der Seele). Sie behütet Deine Seele und Du bittest sie um Begleitung, denn sie kann Dir Räume in Dir selbst öffnen, zu denen Du die Schlüssel nicht parat hast.

2. Du wandelst mit ihr durch Deinen Seelengarten. Schau Dich um, wie wunderschön es hier ist. Du bist in diesem Teil Deiner Seele, der nie eine Verletzung erfahren hat, der ganz mit der göttlichen Essenz im Einklang ist, in einer Schwingung. Vielleicht führt Dich Persephone an einen Fluss oder auf einen Hügel. Du nimmst Platz und wirst ganz still und entspannt.

3. Persephone berührt sanft Dein Herz und Dein 3. Auge (auf der Mitte Deiner Stirn), um die Kristalle Deiner Zirbeldrüse zu aktivieren. Das geheime Hormonsystem zwischen Deinem Herzen und Deiner Zirbeldrüse beginnt nun wahrnehmbar zu pulsieren und setzt die Schwingung Deiner Seele gleich einem freigelassenen Adler frei.

4. Nun beginnen Bilder zu fließen. Wenn Du keine Bilder wahrnimmst, dann ehre Deinen ureigenen Wahrnehmungskanal: Vielleicht ist es ein Wissen, das plötzlich da ist, vielleicht eine Körperreaktion. Gib Dich hin...

5. Du kannst eine Frage zu Deiner Bestimmung stellen, Du kannst einen lang gehegten geheimen Wunsch äußern. Erlaube, ohne Limitierung das in Dir aufsteigen zu lassen, was sich Deine Seele zutiefst wünscht.

6. In Dir breitet sich das Seelenwissen aus, dass Deine wahren Seelenwünsche für Dich und Dein Umfeld zum Segen gereichen, wahre Freude, Heilung und Erfolg bringen. Lass zu, dass sich Ängste auflösen und Deiner Seelenkraft Platz machen dürfen.

7. Wenn Du für heute, für diesen Moment, genug erfahren hast, dann gehe mit Persephone wieder zum Aufzug zurück und kehre in diese Welt Deines Bewusstseins zurück.

Die 7. Rauhnacht ist mit dem Monat Juli und dem Sternzeichen Krebs verbunden. Also mit der Kraft und Reinigung des Wassers, der Sensibilität, der Wendigkeit.

Ich wünsche Dir einen wunderschönen Jahreswechsel, mögest Du Deine eigene Kraft wahrnehmen, alles so neu ausrichten zu können, damit es Dir und Deinem Umfeld zum größten Wohl gereicht.

Du bist Dein eigener Co-Schöpfer mit dem Göttlichen, nichts Geringeres als das. In diesem Sinne: ein glückliches, kraftvolles, segensreiches Neues Jahr!

8. Rauhnacht

Entscheidung zur Geburt
des neuen Jahres.

Entscheidung zur Geburt des neuen Jahres.

An jedem Tag unseres Lebens stellen wir die Weichen neu, auch wenn wir uns dessen nicht bewusst sein mögen. Die 8. Rauhnacht steht in Verbindung mit dem Monat August. Es ist die Zeit der vollen Reife, des Sommers in seiner vollen Kraft. Dies ist die Quelle, aus welcher wir die für uns richtigen Entscheidungen schöpfen können.

Du hast Dich in den letzten Rauhnächten sehr Dir selbst zugewandt. Eine Entscheidung könnte sein, diese Beschäftigung mit Dir selbst zu einer täglichen Praxis werden zu lassen.

Wenn wir keine bewussten Entscheidungen treffen, werden es andere für uns übernehmen. Dann wird es das Leben für uns tun und wir werden dem folgen müssen, uns anpassen, uns manchmal auch reinquetschen.

Das Bewusstsein, dass wir jederzeit in der Lage sind, Entscheidungen zu treffen, gibt uns Freiheit.

Du magst sagen: es gibt viele Gegebenheiten, die ich nicht selbst entschieden habe, und in welchen ich mich zurechtfinden muss, das ist nicht Freiheit. Stimmt: das sind die Herausforderungen des Lebens. Wie wir jedoch auf Situationen, in die wir auch von außen gebracht werden, reagieren: DAS ist unsere Entscheidung. Und mit jeder bewussten Entscheidung wirst Du zum Lenker Deiner eigenen Bestimmung.

Ich gebe Dir ein Beispiel, welches den existenziellen Aspekt unserer bewussten Entscheidungskraft zeigt: bei dem schrecklichen Tsunami vor etlichen Jahren waren Freunde von mir dort. Der Mann sah die Riesenwelle noch aus weiter Entfernung. Er realisierte sofort die Gefahr und rief den anderen am Stand zu: Rennt! Lauft um Euer Leben! Er und seine Frau rannten los – alles zurücklassend, nicht mehr ins Zimmer zurückkehrend um noch Papiere zu holen. Die Entscheidung war: ich laufe um mein Leben. Etliche am Strand sahen die Situation anders und entschieden sich zu bleiben, etliche trafen für sich die Entscheidung, ebenfalls zu fliehen.

Wenn Du mit Dir selbst, mit Deiner Seele in gutem Kontakt bist, dann wirst Du Entscheidungen aus Dir selbst heraus treffen und nicht zulassen, dass Du ungeprüft den Entscheidungen anderer folgst. Ein für mich unglaublich beeindruckendes Beispiel ist Nelson Mandela. Obwohl er 27 Jahre im Gefängnis eingesperrt war, hatte er für sich die Entscheidung der Inneren Freiheit getroffen, unabhängig der äußeren Umstände, die ihm die politischen Gegner aufgezwungen haben.

Die Kraft der Entscheidung anzuerkennen und anzunehmen bedeutet auch, nicht im Opfer zu sein. Wir werden zu Co-Schöpfern unseres Lebens in jedem einzelnen Moment. Kraftvolle Ressourcen liegen in den Übungen der 6. und 7. Rauhnacht. Wir möchten heute noch eine weitere hinzufügen.

Meditation: Verbinde Dich mit Deiner Ur-Essenz

1. Du bist wieder an einem stillen Ort. Du nimmst ein paar tiefe Atemzüge: durch die Nase einatmen, den Atem durch den Mund ausfließen lassen. Du begibst Dich zu Deinem Aufzug. Heute drückst Du den Knopf für das 9. Obergeschoß. Die Oberwelt oder Dein Überbewusstsein. Der Aufzug gleitet hinauf und Du merkst, wie die Energie immer feiner wird.

2. Die Tür öffnet sich und ein blendend schönes, liebevolles Lichtwesen empfängt Dich: in der andinen Tradition als Pachakute bekannt, in unseren Kulturkreisen entspricht das Lord Metatron (die Energie ist dieselbe). Strahlend blickt Dich der Hüter oder Oberwelt an und lädt Dich ein, diese Welt der Kristallstädte und Kristallpaläste zu besuchen.

3. Lass Dich von diesen feinen Sphären umfluten, durchdringen. Lass Energieverdichtungen in Dir durch die kristallinen Schwingungen auflösen. Triff die Entscheidung, Dich ganz dieser wunderbaren Erfahrung hinzugeben, die Neu-Information Deines Energiefeldes zuzulassen.

4. Pachakute oder Metatron führen Dich zu einer Kristallpyramide. Während Du sie betrittst, beginnt sie in den Farben Deiner Seele zu leuchten, die Farben, aus welchen Du geschöpft wurdest.

5. Entscheide Dich dazu, Dich hier, in diesen kostbaren, gesegneten Räumen, wieder ganz mit Deiner Ur-Essenz zu verbinden, Dich damit

anzufüllen. Es mag sich anfühlen, als ob Du schweben würdest in dieser hochschwingenden Energie, die die Deine ist.

6. Du kannst jetzt die Entscheidung treffen, Deine Original-Farben in ihrer ganzen Strahlkraft wieder in Dir zu verankern: Du hast die Wahl. Metatron oder Pachakute halten den Raum für Dich.

7. So durchdrungen, so rückgekoppelt an Deine Original Essenz, so, wie Du wirklich gemeint bist, bittest Du darum, wieder zum Aufzug zurückgebracht zu werden, damit Du Deine wahren Farben, die ein Synonym für Deine Qualitäten sind, jetzt im Neuen Jahr Deine Entscheidungen mit bestimmen werden und Du das Leben führen kannst, von dem Du schon immer träumtest.

8. Du bedankst Dich beim Hüter der Oberwelt, gehst in den Aufzug und kommst zurück in die Mittelwelt, ins Hier und Jetzt.

9. Rauhnacht

Frieden und Freiheit durch
Verzeihen und Versöhnen.

Frieden und Freiheit durch Verzeihen und Versöhnen.

Um wirklich frei sein zu können für das Neue, das wir uns für dieses Jahr wünschen, können wir nicht länger ignorieren, wem wir bislang noch nicht verziehen haben oder in die Versöhnung gegangen sind.

Warum uns das oft so schwer fällt hat verschiedene Anteile: da mögen große Verletzungen in uns sein wie missbrauchtes Vertrauen, Zurückweisung, Geringschätzung, unterschiedliche Arten von Schaden.

Verzeihen ist ein innerer Prozess, der erst einmal mit dem anderen Menschen, oder der Organisation, nichts zu tun hat. Wenn wir uns für die Kraft des Verzeihens entscheiden, dann lösen wir damit auch Energieverstrickungen auf, die uns immer noch an die Situation und damit an den Menschen oder eine Institution binden.

Wir können auch in die Entscheidung gehen, ob wir dem Verzeihen auch die Versöhnung hinzufügen möchten. Es kann sein, dass ein Mensch nicht mehr lebt, eine Organisation nicht mehr existiert, so dass eine Versöhnung, zu der immer zwei Seiten gehören, nicht mehr stattfinden kann.

Es kann auch sein, dass Deine Seele Dich warnt, über das Verzeihen hinaus mit diesem Menschen oder dieser Institution (das kann eine Kirche, ein Arbeitgeber etc. sein) wieder in den Kontakt zu gehen, weil auf der anderen Seite keine Veränderung stattgefunden hat.

Verzeihen geht immer der Versöhnung voraus. Verzeihen bedeutet, uns zuerst einmal selbst zu verzeihen, dass wir dieser Verletzung das Tor geöffnet haben. Nur indem wir auch diese Situation ganz zu uns zurücknehmen, sind wir in der Kraft und Lage, uns davon zu befreien. Wenn wir darauf warten, dass der andere einen Schritt auf uns zugeht, damit wir verzeihen können, dann gehen wir in eine Abhängigkeit, die das Gegenteil von Freiheit ist.

 Meditation: Befreie Dich

1. Geh wieder in die Unterwelt, also gehe in den Aufzug, wähle das 9. Untergeschoß und lass Dich von Persephone in Empfang nehmen und zu Deinem Meditationsplatz führen. Mach Dich bereit, die Verletzungen und die damit einhergehenden Emotionen zu empfangen, wie man ein weinendes, verletztes oder zorniges Kind in die Arme nimmt.

2. Schau Dir den Schmerz an, wo Du das Tor dafür aufgemacht hast. Vielleicht sagst Du nun zu Dir: „Das kommt von meiner Vertrauensseligkeit, von meiner Naivität etc., am besten ich vertraue nicht mehr". Das wird nicht hilfreich sein, denn dann sind immer noch Emotionen um die Verletzung gewickelt, die weiter ihre Eigendynamik betreiben.

3. Erlösender ist es, der Spur noch weiter zu folgen: was liegt denn hinter der Vertrauensseligkeit, der Naivität? Was wolltest Du tatsächlich in Dir

heilen, befriedigen, indem Du Dich so vollständig ausgeliefert und damit der Verletzung Tür und Tor geöffnet hast?

4. Es kann sein, dass Du jetzt nochmals Schmerz empfindest und das ist in Ordnung. Denn Schmerz passiert, aber das Leiden, also in der Situation verhaftet zu bleiben, ist optional. Lass den Schmerz beobachtend zu und durch Dich durchfließen. Tröste und halte Dich dabei wie ein Kind, dem Du Zusicherungen gibst wie „ich weiß…", „ich bin hier für Dich…", „jetzt bist Du sicher…".

5. Indem Du den Schmerz in Dir auflöst, befreist Du Dich.

6. Der zweite Schritt ist, nun hier in Deiner Unterwelt für Dich aufzuspüren, inwieweit die Versöhnung für Dich stimmig ist. Vielleicht ist es ein langer Zwist mit einem Familienmitglied, das noch lebt: welches Geschenk liegt für Dich in der Versöhnung? Wie kann sich Dein Leben dadurch positiv verändern? Zur Versöhnung gehören zwei: es kann gut sein, dass die andere Person noch nicht dazu bereit ist. Dann geh Du diesen Schritt für Dich im Herzen und bleibe offen, ohne etwas zu wollen.

7. Bringe mit Persephone alles, was schwer war und was Du heute in Dir entdeckt hast, zum Fluss in Deiner Unterwelt. Das Wasser wird es mitnehmen und reinigen. Du kannst auch selbst in diesen Fluss steigen,

Dich selbst nochmals ganz reinigen und klären lassen, und Dich völlig für die Freiheit für all das Neue bereit machen.

8. Nun dankst Du Persephone und kehrst in diese Welt zurück.

 Feuerzeremonie: Verankere Deine Freiheit
Heute kannst Du auch gerne wieder ein Feuer machen (siehe 1. Rauhnacht):

1. Bringe für all die Verletzungen ein Stöckchen und puste sie in das Stöckchen.

2. Dann übergibst Du das Stöckchen dem Feuer. Die schwere Energie wird Asche und Nahrung für Mutter Erde.

3. Nun nimmst Du ein weiteres Stöckchen und bläst mit Deinem heiligen Atem alles, was Du Dir durch die neugewonnene Freiheit in Dein Leben einladen möchtest, in das Stöckchen. Gib auch dieses Stöckchen in das Feuer. Der Rauch wird Deine Gebete zu Spirit tragen.

10. Rauhnacht

Sinnliche Achtsamkeit –
achtsame Sinnlichkeit.

Sinnliche Achtsamkeit – achtsame Sinnlichkeit.

Seit Beginn der Christianisierung und im späteren Verlauf durch die calvinistisch geprägte Lebensweise war „Sinnlichkeit" als etwas Lasterhaftes verpönt. Sinnlichkeit widerspricht der strengen Ordnung, der Nüchternheit. Sinnlichkeit gilt immer noch als Zeitverschwendung. Deshalb ist es höchste Zeit, uns unsere eigene Sinnlichkeit wieder zurück zu erobern!

Denn Sinnlichkeit bedeutet, mit all unseren Sinnen in der Wahrnehmung präsent zu sein. Es gehörte zur Manipulation der Massen, den Kontakt zur eigenen Sinnlichkeit und damit der eigenen Wahrnehmung zu bestrafen und einzuschränken. Aber nur wenn wir bewusst wahrnehmen, sind wir in der Achtsamkeit für unsere eigenen Bedürfnisse und Wünsche und für die der anderen, auch für unsere Umwelt. Ohne unsere sinnliche Wahrnehmung kann es keine Achtsamkeit geben.

Ohne die bewusste Einbeziehung unserer Wahrnehmung „passiert" uns das Leben. Das heißt, wir sind in der Reaktion auf Situationen, müssen einen Weg finden, damit umzugehen. Das kann uns ganz schön beschäftigen und viel Kraft kosten. Und es sind meist nicht die Situationen, die wir gewählt hätten, wenn wir die Wahl gehabt hätten.

Was uns im Leben passiert und wie wir uns im Leben bewegen, können wir über unsere sinnliche Achtsamkeit bewusst steuern.

Wenn wir uns auf unsere Sinneskraft rückbesinnen, dann werden wir zunehmend wahrnehmen, was in uns und um uns geschieht, welche Entwicklungen sich abzeichnen. Auch, wenn sie noch nicht sichtbar oder konkret sind. Wenn wir achtsam mit unseren Sinnen werden, sind auch die „über"-sinnlichen Räume wieder für uns zugänglich.

Heute möchte ich Dich einladen, Dich ganz Deinen Sinnen hinzugeben. Deine Meditation ist die „Jetzt"-Wahrnehmung über den ganzen Tag.

 Meditation: Leben im Jetzt

Beginne damit, was Du beim Lesen dieser Botschaft in Dir wahrnimmst.

1. Wie fühlt es sich in Deinem Körper an. Spüre, wo Du jetzt etwas in Deinem Körper wahrnimmst. Ist es Dein Bauch, Dein Brustkorb, Deine Arme oder Beine? Wie fühlt es sich dort an?

2. Welche Gefühle kommen in Dir beim Lesen dieses Textes hoch? Lass sie einfach ohne Bewertung aufsteigen. Nimm sie wahr! Es sind Deine Gefühle und Emotionen, die in Dir wohnen, die Dich auch – meist – unbewusst steuern. Beobachte sie.

3. Welche Bilder kommen Dir beim Lesen dieses Textes? Verlange jetzt nicht von Dir, dass da ein Spielfilm vor Deinem inneren Auge abläuft. Eine Brücke zur Visualisierung ist: Stelle Dir die Frage: welches Szenario fällt mir jetzt dazu ein?

4. Und so gehe durch den Tag. Alles, was Dir heute begegnet, betrachte mit dieser achtsamen Sinnlichkeit.

Das ist die praktische Umsetzung „des Lebens im Jetzt". Denn wir leben in diesem Moment, nicht in der Vergangenheit, nicht in der Zukunft. Wenn Du diese Übung zu Deiner Gewohnheit machst, weitest Du den Kontakt zu Deiner eigenen Sinnlichkeit beständig aus.

11. Rauhnacht

**Das Geschenk des Los-
lassens und des Todes.**

Das Geschenk des Loslassens und des Todes.

Die 11. Rauhnacht steht mit dem November und dem Sternzeichen Skorpion in Verbindung. Skorpione können sich meisterlich tarnen und sie passen sich ihrer Umgebung an. Deshalb symbolisieren sie auch die stetige Wandlung.

Alles befindet sich in einem immerwährenden Kreislauf von Leben, Tod und Neubeginn. Auch wenn wir uns dessen nicht bewusst sind, sterben doch in unserem Körper täglich zwischen 50 bis 70 Milliarden (!) Zellen und werden durch neue ersetzt. Gegen dieses Naturgesetz können wir uns nicht sperren und doch ist es oft schwer für uns, Wandlungen zu akzeptieren und uns dem Fluss des Lebens hinzugeben. „Dieser Tag sollte nie vergehen". „Wenn diese Beziehung zu Ende ginge, dann könnte ich nie mehr glücklich sein".

Warum wir uns so gegen die Wandlung und den Tod wehren, liegt daran, dass wir Angst vor dem Verlust haben. Verlust der Geschenke, die wir aus Lebensphasen, Beziehungen, Situationen beziehen. Wir können uns nicht vorstellen, wie unser Leben jenseits dieser Gegebenheiten aussehen könnte und versuchen unser möglichstes, um diese aufrecht zu erhalten.

Oft merken wir gar nicht, dass wir uns eigentlich in eine andere Lebensphase hinein entwickelt haben und unsere bisherige Situation (zum Beispiel unsere berufliche Situation) wie ein zu eng gewordenes Kleid geworden ist. Trotzdem versuchen wir, uns irgendwie noch da hinein zu zwängen. Oder wir spüren zwar eine Veränderung in Beziehungen, aber anstatt diese Veränderungen beherzt als Aufgabe zu nehmen, um der Beziehung eine Neu-Ausrichtung zu geben oder auch damit einverstanden zu sein, dass ein gemeinsamer Weg zu Ende gegangen ist und es für beide besser wäre, einen Neu-Anfang gestalten zu können, gehen wir viele Kompromisse ein, die uns eng machen oder sogar verletzen.

Wie gelingt es uns, in die Kraft zum Loslassen zu kommen?
Durch Dankbarkeit und das Leben im Jetzt. Wenn wir uns darin üben, für alles dankbar zu sein und genau jetzt, in diesem Moment präsent zu sein, dann erfahren wir die Fülle, die Diamanten des Lebens.

Die Geschenke, die wir jeden Moment vom Leben erhalten, gehen nicht verloren. Es liegt an uns, sie ganz zu uns zu nehmen. So, als würden wunderschöne Diamanten vor uns auf dem Weg liegen: wenn wir sie nicht aufheben und zu uns nehmen, gehen wir daran vorbei, blicken uns vielleicht um, betrauern, dass sie nicht mitgekommen sind. Dabei wäre es doch so einfach gewesen, sie durch unsere Be-Achtung, zu uns zu nehmen.

Das Wunderbare ist: wir können jederzeit wieder zu der Stelle zurückkehren, das Leben hat die Diamanten griffbereit für uns liegen gelassen, denn es kann durchaus sein, dass man Geschenke/Diamanten erst Jahre oder Jahrzehnte später erkennt.

Durch die Dankbarkeit und das Annehmen der Geschenke des Moments programmieren wir uns selbst aus dem in die Zukunft projizierten Verlust heraus. Dann können wir aufhören, uns dem Fluss des Lebens in den Weg zu stellen und den Tod als Übergang zu etwas Neuem akzeptieren.

❄ Übung: Diamanten sammeln

Die Aufgabe für den heutigen Tag ist es, Dir die Diamanten Deines Lebens bewusst zu machen.

1. Beginne mit Deiner Ist-Situation: wo sind die Geschenke in Deinem aktuellen Leben. Gehe jeden Bereich für Dich durch, erkenne die Geschenke und nimm sie wie Diamanten auf. Führe sie an Dein Herz-Chakra und mit einem tiefen Einatmen nimmst Du sie ganz zu Dir.

2. Beim Ausatmen dürfen sich die Geschenke in Deinem ganzen 5-Körper-System ausbreiten.

3. Danach richte Deine Aufmerksamkeit auf Beziehungen, Situationen der Vergangenheit, die Du noch nicht loslassen konntest. Erkenne jetzt die Geschenke und nimm die Diamanten ebenfalls zu Dir. Zurück wird eine Hülle bleiben, wie ein Blatt im Herbst, das sich bis zum Frühling in saftigen Humus verwandeln darf.

12. Rauhnacht

Unserem Licht folgen.

Unserem Licht folgen.

Die letzten 11 Rauhnächte waren eine Einladung, Dich tief auf Dich selbst einzulassen. Du hast Dir etliches ansehen und Dich selbst in Liebe begleiten dürfen. Das ist bereits einer der wesentlichen Schlüssel in unserem Mensch-Sein hier: Alles in Liebe zu begleiten, auch uns selbst.

Liebe wird oft mit „zudecken, einlullen, unter den Teppich kehren, einer aufgesetzten Fröhlichkeit" gleichgesetzt. Doch das ist die Liebe nicht. Die Liebe ist klar, orientiert sich an der universellen Ethik. Sie weist uns den Weg durch den Dschungel der Verirrungen, die sich hier im Mensch-Sein durch unzählige Verletzungen, traumatische Erfahrungen, Versuchungen, Manipulationen und Täuschungen wie ein Labyrinth aufbauen.

Mein Großvater gab mir als Leitfaden für mein Leben mit: „Die Liebe erhofft alles, erduldet alles, vergibt alles. Die Liebe versagt nie." Dies stammt aus dem 1. Korintherbrief, 13.

Lass diese Liebe zuerst Dir selbst zuteil werden, dann wird sie wie ein kraftvoller Lichtstrahl von Dir zu anderen fließen können.

Liebe ist Licht. Und wir sind nichts anderes als Licht, das sich hier materialisiert hat. Dies ist eines der Geheimnisse, welches wir besonders gut vor uns selbst bewahrt haben. Es tut gut, sich selbst immer wieder daran zu erinnern. Das Licht der Liebe durchdringt die tiefsten Schatten, die finsterste Dunkelheit.

Deshalb: was immer sich Dir auch in den letzten Tagen gezeigt haben mag, schau es Dir unter den vier obigen Aspekten der Liebe an: was erhoffst Du für Dich nun im Hinblick auf dieses Thema oder diese Erkenntnisse? Wo braucht es liebevolle Geduld mit Dir selbst oder mit anderen? Wo ist es an der Zeit, Dir zu vergeben oder anderen, ohne Dich selbst dabei zu verlassen? Wo braucht es die nie versagende Liebe?

Jetzt ist es an der Zeit, auch das Dunkle in uns, oder das Dunkle, das von anderen auf uns projiziert wurde, nicht mehr länger festzuhalten, sondern in Liebe los zu lassen.

Es ist Zeit, wirklich in unser Licht einzutauchen, uns ganz davon durchdringen zu lassen.

 Meditation: Entdecke Dein Heil-Sein

1. Geh in Kontakt mit Deinem Herzen. Sieh Deinen Herzraum wie das schönste Gebäude, das Du je erblickt hast. Ein Haus, ein Palast, ein Tempel, so strahlend schön und licht und mit Edelsteinen geschmückt, wie Du es Dir in Deinen kühnsten Träumen nicht vorstellen konntest.

2. Du siehst ein Eingangsportal. Mit Herzklopfen gehst Du darauf zu. Sobald Du das Portal erreichst, öffnet es sich und Du trittst ein. Schreite

nun über die Schwelle und erkunde diesen wundervollen Palast, diesen Tempel, der Dein eigener Herzraum ist.

3. Lass Dich von der lichtgoldenen Strahlkraft durchfluten. Spüre die Wärme des Lichts, das die göttliche Liebe ist, die Dich durchfließt und alle Verletzungen, Traumata, Irritationen hinfort nimmt.

4. Hier entdeckst Du ein weiteres Geheimnis, das Du wohl vor Dir selbst versteckt hieltest: Du warst schon immer heil. Genieße diese Vollkommenheit als lichtes Wesen, das nichts anderes ist als einer der unzähligen Ausdrücke des Göttlichen.

5. Nun lade Dein inneres Kind in Deinen Herzraum ein, nimm es auf den Arm, lass es an dieser überwältigenden Schönheit teilhaben, lass es in diesem Palast, in diesem Tempel, der der Deine ist, spielen und sich glücklich, frei, geliebt und geborgen fühlen. Das ist die Kraft Deines Lichts, die Kraft Deiner Liebe, die in Deinem Herzen wohnt.

Habe ein ganz wundervolles, glückliches und gesegnetes Neues Jahr.

Lara'Marie Obermaier

Lara'Marie Obermaier, Heilpraktikerin für Psychotherapie, ist Begründerin der „Fieldhealing"-Methode. Sie praktiziert und lehrt diese Energie- und Frequenz-Medizin, die seit ihrer Initiation am heiligen Berg Salkantay im Jahr 2009 aus der Urquelle zu ihr fließt. Sie bietet diese effiziente und nachhaltige Methode in Einzelsitzungen in ihrer Praxis am Bodensee oder über Distanz an.

Bereits als Kleinkind wurde sie von ihrem Großvater in die christliche Mystik eingeführt und von hohen Frequenzen begleitet. Seit Anfang der 1990er setzte sie sich intensiv mit ihren inneren Verwundungen in mehrjähriger Psychoanalyse, unterschiedlichen Selbsterfahrungsgruppen, intensiver Aufstellungsarbeit bei Lehrern wie A. Fürmaier und A. Mahr auseinander.

2005 lernte sie in den USA die schamanische Lichtkörper-Schule von A. Villoldo kennen, der sie ab 2009 persönlich zur leitenden Lehrerin ausbildete.

Lara'Marie Obermaier ist bekannt für ihre klare und einfühlsame Art, hochkomplexe Mysterien in verständlicher Form zu vermitteln. Ihre Klienten und Schüler schätzen sie besonders für ihre Warmherzigkeit und Integrität.

Weiterführende Informationen zu ihrem Ausbildungsangebot, ihrer Arbeit als Schamanin und Therapeutin sowie ihrer Tätigkeit als Autorin finden Sie auf **www.laramarieobermaier.com**. Auf **Spirit-online.de** und **Vigeno.de** publiziert sie regelmäßig Artikel zu aktuellen Themen.